MINISTÈRE DE LA GUERRE

DIRECTION DE L'INFANTERIE

INSTRUCTION

DU 27 MARS 1918

SUR LES MOUSQUETONS MOD. 1892

ET MOD. 1892 M. 1916

ET

SUR LES CARABINES MOD. 1890

PARIS

IMPRIMERIE NATIONALE

Édition mise à jour le 1er avril 1921.

MINISTÈRE DE LA GUERRE

DIRECTION DE L'INFANTERIE

INSTRUCTION

DU 27 MARS 1918

SUR LES MOUSQUETONS MOD. 1892 ET MOD. 1892 M. 1916 ET SUR LES CARABINES MOD. 1890

PARIS

IMPRIMERIE NATIONALE

Édition mise à jour le 1er avril 1921.

TABLE DES MATIÈRES.

PREMIÈRE PARTIE.

MOUSQUETONS.

CHAPITRE PREMIER.

MOUSQUETON M^le 1892.

CHAPITRE II.

1.

SECONDE PARTIE.

CARABINES.

CHAPITRE III.

CHAPITRE IV.

CHAPITRE V.

INSTRUCTION

du 27 mars 1918

SUR LES MOUSQUETONS MOD. 1892

ET MOD. 1892 M. 1916

ET

SUR LES CARABINES MOD. 1890

PREMIÈRE PARTIE.

MOUSQUETONS.

CHAPITRE PREMIER.

MOUSQUETON M[le] 1892.

§ 1. — NOMENCLATURE.

Le mousqueton M[le] 1892 se divise en six parties principales, savoir :

1° Le canon et la boîte de culasse ;

2° La culasse mobile ;

3° Les mécanismes ;

4° La monture ;

5° Les garnitures ;

6° Le sabre-baïonnette ;

En outre, le mousqueton comporte des chargeurs et des accessoires.

1° Canon et boîte de culasse.

a) **Canon.** — Le canon, en acier trempé, est bronzé extérieurement.

A l'intérieur, on distingue :

La bouche du canon ;

L'âme, cylindrique, du calibre de 8 millimètres, ses quatre rayures en hélice, tournant de droite à gauche en faisant un tour sur 24 centimètres, avec une profondeur uniforme de 0m/m 15 ;

La chambre, qui reçoit la cartouche ;

La tranche postérieure du canon, l'aminci circulaire correspondant au logement de l'extracteur ; l'évasement tronconique raccordant le canon avec la paroi de la boite de culasse.

A l'extérieur du canon, on distingue :

La tranche de la bouche ;

Le contour tronconique, sa fraisure pour loger le bout de la vis de ressort de hausse ;

Le renflement du tonnerre, son raccordement avec le contour tronconique ; la fente de repère, sur la génératrice supérieure, le pan pour l'enculassage ;

Le bouton fileté, qui se visse dans la boîte de culasse ;

L'embase du guidon, d'une seule pièce avec le canon ; son tenon en queue d'aronde ;

Le guidon, ajusté à queue d'aronde et soudé à l'étain sur son embase ; le corps, le grain d'orge, dont l'arête supérieure est de 0m/m 1 à gauche du plan de tir ; le sommet. Le profil du guidon (plan incliné à l'arrière, surfaces arrondies vers l'avant) est agencé de manière à se prêter le moins possible à l'accrochage.

La hausse comprend huit pièces, savoir :

1° Le pied de hausse à douille, soudé à l'étain sur le canon ; les gradins, l'œil de charnière et ses trous de goupille, le logement du ressort ; le trou taraudé pour la vis de ressort, la douille fendue ;

Sur la face gauche du pied de hausse, un chiffre, inscrit au-dessous de chaque gradin, indique la distance de tir à laquelle correspond ce gradin. Ces chiffres représentent les distances de 200 à 1000 mètres ;

2° Le ressort de hausse ; la branche ; la queue d'aronde ; le trou de la vis ;

3° La vis de ressort de hausse, dont le bout pénètre dans une fraisure du canon, pour empêcher le pied de hausse de tourner ;

4° La planche, qui porte un cran de mire pratiqué dans son talon et donne les lignes de mire de 200 à 1000 mètres, quand on fait reposer le curseur sur les différents gradins du pied de la hausse. Pour les distances de 1200 à 2000 mètres, la planche est graduée des deux côtés : à droite, de 200 en 200 mètres, et, à gauche, de 100 en 100 mètres.

On distingue en outre dans la planche : la fente, les côtés, le pied échancré en dessus pour dégager la ligne de mire de 200 mètres, le trou de goupille, le trou taraudé pour la vis-arrêtoir, le talon ;

5° Le curseur, qui porte le cran de mire mobile pour les distances de 1200 à 2000 mètres, le corps, les coulisses, les côtés quadrillés ;

6° Le ressort de curseur, logé dans la coulisse gauche, le corps, les deux griffes ;

7° La vis-arrêtoir de curseur ;

8° La goupille, qui réunit la planche au pied de hausse.

Le pied de hausse est bronzé comme le canon ; les autres pièces sont mises à la couleur bleue.

Boîte de culasse. — La boîte de culasse, vissée sur le canon, est bronzée extérieurement.

Elle présente à sa partie supérieure le logement de la culasse mobile, et à sa partie inférieure celui des mécanismes de répétition et de détente.

Dans la partie supérieure, on distingue, de l'avant à l'arrière :

Le contour extérieur cylindrique, son chanfrein, la fente de repère du chanfrein ; à l'intérieur : l'écrou pour le bouton du canon, le logement des tenons de la tête mobile, les épaulements d'appui des tenons et leurs rampes symétriques, les deux rainures latérales pour le passage des tenons ; l'entaille pour le passage de l'extracteur, la fente supérieure, l'échancrure pour le rabattement du cylindre ; la tranche antérieure de l'échancrure, prolongée vers le haut par la rampe de dégagement ; son canal pour l'échappement des gaz ; la tranche postérieure de l'échancrure, sa rampe hélicoïdale, l'entaille latérale pour le démontage de la tête mobile ; l'entaille pour le passage du chargeur ; à l'arrière : la butée des tenons, la rainure transversale circulaire, débouchant vers le haut dans deux évents pour l'échappement des gaz ; les trous, dont un taraudé pour la vis de mécanisme ; la fente pour la tête de gâchette, le double talon de recul ; la queue de culasse, sa fraisure pour le passage du manchon, sa bouterolle (1), son trou taraudé pour la vis de culasse.

(1) Quelques boîtes du début de la fabrication ne portent pas de bouterolle. Celles de fabrication récente sont munies d'un talon de recul à la place de la bouterolle.

La boîte de culasse est percée, dans sa partie inférieure, d'une ouverture qui règne sur la plus grande partie de sa longueur et qui comprend, de l'arrière à l'avant : le logement de la partie supérieure du support de mécanisme, le passage du chargeur et le passage de la partie antérieure des cartouches. A l'extérieur, on remarque, sous la boîte de culasse : en avant, la chape d'assemblage du mécanisme, formée de deux joues et d'une goupille rivée sur les deux joues pour le crochet de support d'élévateur ; l'évidement pour le passage du support-écrou de baguette ; le logement de la partie antérieure des cartouches du chargeur, formé de deux joues directrices et d'une cloison transversale qui présente vers le haut, à l'intérieur de la boîte, un plan incliné pour faciliter l'introduction des cartouches dans la chambre.

2° Culasse mobile.

La culasse mobile comprend huit pièces, assurant : l'extraction, l'armé, le chargement, le verrouillage et la percussion, savoir :

1° *La tête mobile :* le corps cylindrique ; les deux tenons de fermeture ; la cuvette, le bouton ; le logement du talon d'extracteur et celui de la branche ; la fente pour la tête de gâchette, sa partie rétrécie pour le passage de l'éjecteur ; le collet, le trou pour la vis d'assemblage ; le canal du percuteur comprenant la partie ovale et les deux parties cylindriques ;

2° *L'extracteur :* le talon taillé en queue d'aronde ; la branche formant ressort, la tête, son plan incliné, sa griffe.

3° *Le cylindre :*

Le renfort antérieur, sa tranche antérieure, l'arrondi qui glisse sur la rampe de dégagement dans le mouvement d'ouverture de l'arme ; le logement du bouton de la tête mobile, le trou taraudé pour la vis d'assemblage et sa fraisure.

Le corps cylindrique ; la tranche antérieure, le logement du ressort de percuteur, chanfreiné à l'entrée pour faciliter le remontage de la tête mobile, le canal du percuteur, la fente inférieure pour la tête de gâchette, son chanfrein ; la fente transversale pour l'éjecteur, la tranche postérieure, la rainure de depart, la rampe hélicoïdale et le cran de l'armé.

Le renfort du levier.

Le levier coudé ; la tige, le pommeau ;

4° *Le chien :* le corps cylindrique, la tranche antérieure, le canal du percuteur, le logement du manchon ; les deux cloisons, les deux coulisses croisées qui forment l'entrée du logement ;

Le coin d'arrêt; la rampe hélicoïdale, son dégagement cylindrique.

Le renfort; la gorge, la crête, le quadrillage, la fente de repère.

Le cran du départ ou partie de la tranche antérieure qui s'appuie, à l'armé, contre la tête de gâchette; le cran de sûreté (1), le cran de l'abattu;

5° *Le percuteur :* la pointe, la partie cylindrique de l'avant, le méplat à bords amincis, l'embase, la tige, le T;

6° *Le manchon :* la tête, les cordons, dont un moleté, la gorge intérieure pour arrêter les crachements; le collet, les ailettes, les méplats, les épaulements d'arrêt, le logement du T;

7° *Le ressort de percuteur;*

8° *La vis d'assemblage du cylindre et de la tête mobile :* la tête et sa fente, la partie non filetée qui pénètre dans le collet de la tête mobile.

3° Mécanismes.

Les mécanismes de répétition et de détente sont reliés l'un à l'autre de manière à former un tout solidaire que l'on désigne, en général, sous le nom de mécanismes.

Le mécanisme avant constitue le mécanisme de répétition, celui arrière le mécanisme de détente. A ce dernier sont ajoutés : l'éjecteur et le crochet de chargeur.

Dans le mécanisme avant, on distingue :

Le support d'élévateur, le crochet qui le relie à la boîte de culasse; le logement de la tête d'élévateur et les trous pour la vis-pivot, le fond sur lequel roule le galet du ressort inférieur; les côtés, la partie rétrécie, la partie élargie pour le passage du chargeur; la queue, les côtés, le fond échancré pour le passage du crochet de chargeur; les quatre trous de vis.

La queue est reliée au pontet par les deux vis du support d'élévateur. Dans chacune de ces vis, on distingue : la tête et ses crans de démontage, la tige, les filets.

L'élévateur, composé de sept pièces, savoir :

1° La planche supérieure; le talon, l'œil de charnière, la bossette d'appui du ressort, le bout recourbé;

2° Le ressort de planche supérieure : la branche, le tenon en queue d'aronde; son encoche pour empêcher le démontage;

(1) Le cran de sûreté est supprimé sur les chiens de fabrication récente.

3° La planche inférieure : la tête, son trou pour la vis-pivot, son talon d'arrêt, le corps, ses logements en queue d'aronde pour les tenons des ressorts, ses encoches pour empêcher le démontage, son œil de charnière ;

4° Le ressort à galet de planche inférieure : le tenon, la branche, le logement du galet, ses trous de goupille; son encoche pour empêcher le démontage;

5° Le galet;

6° La goupille de galet;

7° La vis de planche d'élévateur.

L'élévateur est relié à son support par la vis-pivot d'élévateur; la tête et sa fente, la tige, les filets.

Dans le mécanisme arrière, on distingue :

Le pontet-support de mécanisme, comprenant :

Le pontet proprement dit : la feuille postérieure, son trou pour la vis de pontet et la fraisure pour la tête de la vis, le corps, la fente pour le passage de la détente, la fente pour le passage du poussoir de crochet de chargeur ;

Le support de mécanisme : les encastrements de la queue du support d'élévateur et les trous des deux vis, les deux montants parallèles entre lesquels sont logés l'éjecteur, la gâchette et le crochet de chargeur; les trous pour les vis de mécanisme, d'éjecteur, de gâchette et de crochet; les méplats, dont l'un sert d'appui à la branche inférieure du crochet et limite la saillie du bec; les fraisures pour les têtes des vis de gâchette et de crochet; les butées du support contre la paroi inférieure de la boîte de culasse; l'entaille du montant droit pour l'embase de l'éjecteur; le dessus concave des montants, se raccordant avec l'âme cylindrique de la boîte de culasse;

Le crochet de chargeur : le bec, son plan incliné, le corps, le trou pour la vis de crochet, les évidements pour le rouleau du ressort et le trou pour la goupille; le poussoir;

Le ressort de crochet et de gâchette : la branche supérieure, son rouleau; la branche inférieure, son rouleau, sa fente, ses trous de goupille;

La goupille de ressort;

La gâchette : la tête, les ailettes, la fente qui reçoit la détente, le corps, la saillie pour l'appui du ressort, l'œil;

La détente à double bossette : le corps, la queue, les deux bossettes, le trou de goupille, l'épaulement;

La goupille de détente;

L'éjecteur : l'embase, les trous pour la vis de mécanisme et pour la vis d'éjecteur, l'éjecteur;

La vis de crochet de chargeur;

La vis de gâchette (même tracé que la précédente);
La vis d'éjecteur.

Le mécanisme avant et le mécanisme arrière sont reliés, comme on l'a vu plus haut, par les deux vis de support d'élévateur. La première de ces vis traverse l'entretoise, pièce destinée à maintenir l'écartement des montants du support de mécanisme.

Le pontet-support et le support d'élévateur sont bronzés.

4° Monture.

La monture est en bois; elle comprend :

Le fût, la tranche antérieure, le logement du canon, celui de la douille du pied de hausse et celui de la boîte de culasse; le canal de baguette; l'emplacement et l'embase de l'embouchoir, l'embase de la grenadière; les encastrements du ressort de grenadière, et du tenon à fourche du sabre-baïonnette portant le ressort d'embouchoir; les évidements latéraux pour la main gauche; l'échancrure correspondant à celle de la boîte de culasse; l'entaille pour la tête de la vis de mécanisme; le logement du taquet et le trou de sa vis, les trous pour les supports d'oreilles et le logement de l'écrou de baguette; les recouvrements du support d'élévateur et le logement de ce support; le logement du support de mécanisme; le passage du chargeur; le passage du mécanisme de détente; le logement du pontet, celui de l'écrou-support; les trous pour les vis de culasse, de pontet et d'écrou-support;

La poignée;

La crosse: le busc, le talon, le bec, le trou d'allégement, l'encastrement de devant de la plaque de couche, l'encastrement de l'embase du battant de crosse; les quatre trous de vis à bois (pour les mousquetons munis de la barrette de crosse, au lieu du battant de crosse, le dégagement de la bretelle et l'encastrement des oreilles de la barrette).

5° Garnitures.

La baguette, composée d'une tige en acier et d'une tête en laiton. La tige est, d'un côté, vissée et soudée à l'étain sur la tête ; on y remarque, à l'autre extrémité, les filets pour l'écrou de baguette et le bout aminci. Dans la tête, on remarque : le logement pour la tige, en partie lisse, en partie fileté; les quatre évidements destinés à donner de la prise pour visser et pour dévisser la baguette, le trou pour le démontage de la culasse mobile.

Le tenon à fourche de sabre-baïonnette, son crochet.

L'embouchoir : la bande, les coulisses ; le dos ; le trou pour le pivot du ressort, le canal de baguette.

Le ressort d'embouchoir ; l'œil ; le corps ; le pivot.

Le tube d'appui.

La vis de ressort d'embouchoir.

La grenadière : la bande, les coulisses, le pivot d'anneau ; l'anneau.

Le ressort de grenadière : la goupille, le corps, l'épaulement. L'embouchoir, la grenadière et son anneau sont bronzés ; les ressorts sont bleuis au feu.

Le taquet du support d'élévateur : le trou pour la vis.

La vis à bois de taquet ; la tête à crans.

L'écrou-support de vis de culasse, servant d'écrou à la vis de pontet et de support à la tête de vis de culasse ; ses trois trous, dont un taraudé.

La vis à bois d'écrou-support ; sa tête à crans.

Le support d'oreilles-écrou de baguette, comprenant :

La vis de support ; la rosette et ses crans, l'écrou de baguette, la tige, les filets.

L'écrou vissé et rivé sur la tige, ses crans.

Le support d'oreilles : comme le précédent, sans écrou de baguette.

La vis de mécanisme, qui relie le support de mécanisme à la boîte de culasse, la tête, la tige s'amincissant vers l'extrémité, les filets, le bout.

La vis de pontet : la tête, les filets, le bout.

La vis de culasse.

Le battant de crosse à pivot tournant comprenant :

L'embase : les deux trous de vis à bois, le trou du pivot ;

Le pivot tournant : le pivot proprement dit, son trou de rivet ; la tige cylindrique traversant l'embase ; le bout rivé sur la rondelle ;

La rondelle de pivot ;

L'anneau : les rosettes, le trou de rivet ;

Le rivet ;

Les deux vis à bois ou, pour les mousquetons munis de la barrette, au lieu du pivot tournant : la barrette, le corps, les deux oreilles, les deux vis à bois de barrette.

La plaque de couche ; le devant et son trou de vis ; le dessus et son trou de vis.

Les deux vis à bois de plaque de couche.

Le taquet est bronzé; la tête de sa vis, celle de la vis de mécanisme et celle de la vis de pontet sont bleuies au feu.

6° Sabre-baïonnette.

Le sabre-baïonnette se divise en trois parties principales: la lame, la monture et le fourreau.

Lame. — On y distingue:

La lame: le talon, le tranchant; la pointe; le dos, sa gouttière; les pans creux; les évidements (1);

La soie, encastrée dans la monture; les six trous de rivet, le trou d'allégement.

Monture. — La monture comprend:

Les deux plaquettes, en fibre noire ou en noyer; leurs trous de rivet;

Les deux rivets de plaquette, en acier (2);

Le pommeau, en acier, rivé et soudé à l'étain sur la soie: le logement de la soie; le trou pour le tenon de sabre-baïonnette; le logement du poussoir et celui du bouton de poussoir; le dos, sa partie concave, qui sert de guide pour mettre la baïonnette au canon; les trous de rivet;

Les deux rivets de pommeau;

Le poussoir, comprenant:

Le corps de poussoir, son crochet, qui s'engage sous celui du tenon de sabre-baïonnette; la tige; l'épaulement pour le ressort; le bout fileté;

Le bouton de poussoir, le recouvrement du ressort, l'écrou, la fente;

Le ressort à boudin de poussoir;

La croisière: le quillon; le corps; la douille; le logement de la soie; les trous de rivet; la fente pour le guidon;

Les deux rivets de croisière.

Fourreau. — Le fourreau comprend:

Le corps de fourreau, l'entrée, les trous des rivets de cuvette; l'entaille pour le fond de cuvette;

Le bracelet-pontet, brasé sur le fourreau: le bracelet, le corps du pontet, les branches du pontet;

---

(1) En temps de guerre, la lame reçoit le fil au tranchant jusqu'à 5 centimètres de la croisière et aux arêtes de la gouttière sur une longueur de 8 centimètres environ à partir de la pointe.

Cette opération est effectuée par les corps de troupe, dans les conditions prévues, pour les lames de sabre, par l'Instruction du 29 octobre 1905 sur les armes et munitions en service (pages 254 et 255).

(2) Et les rosettes, pour les plaquettes en noyer.

Le bouton brasé sur le fourreau : le bouton proprement dit, sa tige qui pénètre dans le fourreau, son évidement conique; le trou pour l'écoulement de l'eau;

La cuvette : le corps, les trous de rivet, les deux battes, le fond de cuvette;

Les deux rivets de cuvette.

Le fourreau est bronzé extérieurement.

Chargeur et accessoires. — Numérotage.

Le fonctionnement de la répétition dans le mousqueton modèle 1892 repose sur l'emploi de chargeurs.

Chargeur. — Le chargeur est un petit récipient en tôle mince, de la contenance de trois cartouches. On y remarque : les deux côtés, leurs arrondis qui maintiennent les cartouches, les nervures postérieures, qui forment le logement du bourrelet des cartouches, les nervures antérieures, qui empêchent la cartouche du milieu de ballotter latéralement, les deux évidements pour alléger le chargeur; le fond, son talon pour le crochet de chargeur.

Le chargeur est symétrique par rapport à la cartouche du milieu et peut, par suite, être mis indifféremment en place dans les deux sens.

Accessoires. — 1° Le nécessaire d'armes modèle 1874;

2° La ficelle de nettoyage, qui sert à manœuvrer les chiffons avec lesquels on nettoie et on graisse l'intérieur du canon, en campagne ou en manœuvre. Elle est constituée par de la ficelle de fouet; sa longueur, de 3 mètres quand elle est neuve, ne doit pas descendre au-dessous de 2 m. 50.

Numérotage. — Le numéro matricule, composé d'une lettre de série (simple ou double) et d'un numéro (de 1 à 100,000), est appliqué sur la génératrice latérale gauche du tonnerre, sur la face gauche du renfort du levier du cylindre, sur la face inférieure du support d'élévateur, sur la tige de la baguette, sur la joue gauche de la crosse, sur le quillon de croisière des sabres-baïonnettes, ainsi que sur le bracelet-pontet des fourreaux de ces sabres, du côté opposé au pontet. Enfin, les deux derniers chiffres du numéro de série de l'arme sont apposés sur la tête mobile de manière à être apparents lorsque la culasse mobile est fermée.

§ 2. FONCTIONNEMENT.

On suppose que la dernière cartouche d'un chargeur vient d'être tirée et que la culasse mobile est fermée.

Pour ouvrir la culasse, il faut tourner le levier de droite à gauche et ramener la culasse mobile en arrière jusqu'à ce que les tenons de la tête mobile soient arrêtés par les butoirs. Cette opération a pour double résultat d'armer et d'expulser l'étui de la cartouche précédemment tirée.

En relevant le levier, le cylindre et la tête mobile, réunis par la vis d'assemblage, tournent d'abord seuls, indépendamment des autres pièces. Dès que leur mouvement de rotation commence, les tenons de fermeture glissent sur les épaulements d'appui, le plan incliné de la tete de l'extracteur sur le fond du logement de l'extracteur, la griffe le long de la tranche antérieure du bourrelet de l'étui, la rampe hélicoïdale de la rainure de départ agit sur celle du coin d'arrêt et tend à faire tourner le chien. Mais, celui-ci ne pouvant tourner, puisque son renfort est arrêté par le côté gauche de la fente supérieure de la boite de culasse, prend un mouvement rétrograde; le ressort de percuteur est en même temps comprimé entre le ressaut du cylindre qui ne bouge pas et l'embase du percuteur qui suit le mouvement en arrière du chien.

Quand l'embase du levier est à la position verticale, le coin d'arrêt est sorti de la rainure de départ et tombe dans le cran de l'armé. La tête de gâchette est dépassée par le plan incliné du cran de l'abattu, puis par le cran de sûreté, dans lequel elle s'engage un instant si l'on a la précaution de faire tourner lentement le levier. Dans cette première partie de la rotation du levier, le mouvement de recul du chien est produit uniquement par l'action de la rampe hélicoïdale de la rainure de départ.

En continuant à faire tourner le levier, l'arrondi du renfort antérieur du cylindre est amené en contact avec la partie courbe de la rampe de dégagement, en même temps que l'éjecteur se trouve vis-à-vis de la fente longitudinale du cylindre. A partir de ce moment, le cylindre et la tête mobile ne peuvent plus tourner qu'à la condition de reculer en même temps.

La tête mobile entraîne dans son mouvement l'extracteur, lequel ramène en arrière le bourrelet de la cartouche en décollant l'étui.

Quand le levier est amené à la position horizontale, le mouvement rétrograde de la culasse mobile est tel que le cran de départ du chien dépasse la tête de gâchette; cette dernière pièce remonte alors brusquement sous l'action de son ressort, en faisant entendre un bruit sec caractéristique, et vient se placer devant la tranche antérieure du chien.

Le chien est ainsi conduit à l'armé d'une façon automatique, par le simple jeu des différentes pièces de la boite de culasse, de la culasse mobile et de la gâchette. Le ressort de percuteur a été comprimé d'une quantité égale à la saillie du coin d'arrêt (11 millimètres).

Le levier étant relevé, on ramène la culasse mobile en

arrière jusqu'à ce que les tenons de la tête mobile soient arrêtés par les butoirs. L'étui est entraîné et vient buter par sa partie inférieure contre l'éjecteur; retenu en haut et à droite par la griffe de l'extracteur, il pivote autour de cette griffe, se dégage et est projeté en dehors de la boîte de culasse.

On introduit alors un chargeur garni de cartouches dans la boîte de culasse par la partie supérieure de l'échancrure.

Le chargeur est présenté de champ, les balles en avant. Lorsque la cartouche inférieure du chargeur rencontre la planche supérieure de l'élévateur, on enfonce le chargeur avec le pouce de la main droite. Dans ce mouvement, les deux planches d'élévateur s'abaissent en pivotant autour de leurs axes, et compriment leur ressort jusqu'à ce que l'ensemble du mécanisme soit ployé dans le fond du support d'élévateur. Au moment où le talon du chargeur rencontre le plan incliné du bec du crochet, agissant sur ce plan, il oblige le crochet à s'effacer en comprimant la branche inférieure du ressort de crochet et de gâchette. Dès que le talon a dépassé le bec du crochet, celui-ci, dégagé, revient en avant sous l'action de son ressort. Le bec se place au-dessus du talon empêchant le chargeur de remonter sous l'action de l'élévateur comprimé.

Pour fermer la culasse, on la pousse en avant et l'on tourne le levier pour le rabattre complètement à droite.

Les effets qui se produisent durant ce mouvement sont les suivants :

La cuvette de la tête mobile pousse la première cartouche hors du chargeur et l'introduit dans la chambre. Au moment où le bourrelet de cette cartouche quitte le chargeur, les deux autres cartouches montent sous l'action de l'élévateur, la cartouche supérieure venant s'appliquer sur la paroi du cylindre.

En continuant son mouvement, le renfort antérieur du cylindre rencontre la butée de la boîte de culasse; au même moment, la fente transversale se trouve vis-à-vis de l'éjecteur; le cylindre ne peut plus, dès lors, avancer que si on le fait tourner en même temps, condition favorable à la sécurité du tireur, car l'action sur l'arrière de la cartouche se produit ainsi sans brusquerie et, en cas de départ prématuré, la projection du cylindre en arrière serait arrêtée d'abord par la butée du renfort postérieur du cylindre contre le rempart de la boîte de culasse, puis par celle des tenons de la tête mobile contre la paroi postérieure de leur logement.

Dans la première partie de la rotation à droite, le coin d'arrêt est dégagé du cran de l'armé; il se porte alors en avant, d'un millimètre environ, jusqu'à ce que la tranche antérieure du chien vienne s'arrêter contre la tête de gâchette.

Le chien étant ainsi arrêté par la tête de gâchette, et le

mouvement de rotation de la culasse mobile continuant, les tenons de la tête mobile viennent prendre appui sur la paroi postérieure de leur logement. En achevant de rabattre le levier à droite, le cylindre avance en bandant le ressort de percuteur, la rainure de départ se place en face du coin d'arrêt, la tête mobile est poussée à fond, le bourrelet de la cartouche rencontrant la tranche postérieure du canon est arrêtée, et la griffe de l'extracteur, se soulevant, franchit le bourrelet.

Lorsque les tenons de fermeture sont parvenus à l'extrémité de leurs rampes, la tête mobile et le cylindre cessent d'avancer et tournent seulement pendant que les tenons glissent sur les épaulements d'appui.

En agissant sur la détente, la bossette antérieure, puis la bossette postérieure, viennent prendre appui sous la queue de culasse, amenant l'abaissement progressif de la tête de gâchette. Celle-ci, qui maintient le chien à l'armé, se dégage au point de ne plus faire saillie dans la boîte de culasse; le chien devenant libre, le ressort de percuteur agit sur l'embase du percuteur qui entraîne en avant le manchon et le chien. La pointe du percuteur, dépassant à l'abattu le fond de la cuvette de la tête mobile, atteint l'amorce qui détermine l'inflammation de la charge de poudre. Le mouvement du percuteur est limité par la butée du chien contre le cylindre.

Lorsqu'ensuite, le coup tiré, on ramène la culasse mobile en arrière, l'étui vide est expulsé à l'instant où son bourrelet vient buter contre l'éjecteur ; presque en même temps, les deux cartouches restantes finissent de monter sous l'action de l'élévateur, et les choses se retrouvent dans le même état qu'avant l'introduction de la première cartouche.

La répétition de cette manœuvre permet d'introduire successivement les trois cartouches dans la chambre. Dès que la troisième cartouche a quitté le chargeur, celui-ci, n'étant plus maintenu, tombe de lui-même hors de l'arme et peut être remplacé par un autre.

Il est possible, après avoir mis en place le chargeur garni de cartouches, de fermer l'arme sans introduire de cartouche dans la chambre. On peut, dans ces conditions, transporter en toute sécurité le mousqueton chargé à trois cartouches.

Pour retirer un chargeur introduit, il suffit, après avoir ouvert la culasse d'agir sur le poussoir du crochet de chargeur qui fait saillie dans le pontet. Le bec du crochet s'efface et dégage le talon du chargeur. Le chargeur n'étant plus retenu cède à l'action des ressorts d'élévateur comprimés et est projeté, vers le haut, hors de la boîte de culasse.

Il est possible de tirer une à une des cartouches libres sans chargeur. Il suffit, après avoir ouvert la culasse, de placer la cartouche sur la planche supérieure de l'élévateur et de refermer la culasse.

§ 3. DÉMONTAGE, REMONTAGE ET ENTRETIEN.

a. Démontage.

Le sabre-baïonnette étant séparé de l'arme et la bretelle retirée, le démontage s'opère dans l'ordre suivant :

1° La culasse mobile ;

2° Les mécanismes ;

3° Le canon.

1° **Démontage de la culasse mobile.** — Pour retirer la culasse mobile de la boîte, ouvrir la culasse, l'amener en arrière jusqu'à ce que le tenon gauche de fermeture soit au milieu de l'entaille pour le démontage de la tête mobile ; desserrer la vis d'assemblage du cylindre et de la tête mobile de la quantité nécessaire pour séparer ces deux pièces (la dévisser de trois ou quatre filets jusqu'à ce que la tête de la vis soit complètement visible hors de son trou) ; faire tourner la tête mobile à droite avec la main pour dégager le bouton de son logement dans le cylindre ; faire sortir la culasse mobile de la boîte de culasse ; enlever la tête mobile restée dans la boîte.

Si, au moment du démontage, le manchon se trouvait, par suite d'une circonstance quelconque, orienté de façon que sa fente de repère fût dans le prolongement de celle du chien, on éprouverait, pour rabattre la tête mobile à droite, une résistance provenant du percuteur et du manchon. Il faudrait, dans ce cas, faire tourner d'abord le manchon à droite avec la main, puis rabattre la tête mobile.

Il est interdit aux soldats de dévisser la vis d'assemblage et de séparer le cylindre de la tête mobile en laissant celle-ci engagée dans son logement de l'avant de la boîte de culasse.

La culasse mobile étant séparée de la boîte, pour la démonter entièrement, mettre le chien à l'abattu, faire tourner le manchon à gauche, de manière à mettre sa fente de repère dans le prolongement de celle du chien ; appuyer la pointe du percuteur sur un morceau de bois dur ou dans le trou de la tête de baguette ; faire effort sur le levier du cylindre pour comprimer le ressort du percuteur et faire sortir le manchon de son logement ; dégager le manchon du T du percuteur, laisser le ressort se détendre librement; séparer le cylindre, le chien, le percuteur et le ressort de percuteur.

Il est interdit aux soldats de démonter l'extracteur.

2° **Démontage des mécanismes.** — Dévisser la vis de pontet, puis la vis de mécanisme, en maintenant d'une main le pontet dans son logement pendant qu'on retire la vis de mécanisme avec l'autre main. Saisir le pontet de la main droite et le faire pivoter vers l'avant pour dégager le crochet de support d'élevateur; séparer le mécanisme de la monture.

Pour démonter entièrement les mécanismes :

1° Dévisser la vis-pivot d'élévateur et l'enlever en maintenant la tête d'élévateur en place avec le pouce de la main gauche; retirer l'élévateur;

2° Enlever la vis de gâchette et la gâchette réunie à la détente;

3° Enlever la vis de crochet de chargeur, saisir le ressort de crochet et le tirer en arrière et vers le haut pour faire sortir le crochet de son logement dans le support de mécanisme.

Il est interdit aux soldats de démonter la planche supérieure et les ressorts d'élévateur, de dévisser les vis de support d'élévateur et la vis d'éjecteur.

3° **Séparation du canon de la monture.** — Dévisser et enlever la baguette; dévisser la vis de culasse; enlever l'embouchoir; puis la grenadière; séparer le canon du fût. A cet effet, renverser l'arme dans la main gauche, le canon en dessous; saisir la monture de la main droite à la poignée et donner quelques saccades jusqu'à ce que le canon soit dégagé de son logement.

Il est interdit aux soldats de chercher à démonter les pièces de la hausse et, sur la monture : les ressorts de garnitures, les supports d'oreilles, le taquet, l'écrou-support, le battant de crosse et la plaque de couche.

b. Remontage.

Le remontage s'opère dans l'ordre inverse de celui qui vient d'être indiqué pour le démontage, savoir :

1° **Canon.** — Remettre le canon en place et remonter successivement la grenadière (l'anneau à gauche, du côté opposé au levier de culasse mobile), l'embouchoir et la vis de culasse. Serrer bien à fond la vis de culasse.

2° **Mécanismes.** — Remonter d'abord, s'il y a lieu, le crochet de chargeur et son ressort, la gâchette avec la détente, l'élévateur, en mettant bien toutes les vis à fond; saisir ensuite le mécanisme par le pontet, l'introduire dans la monture par sa partie antérieure, l'avant du support d'élévateur venant buter contre le taquet; faire pivoter le mécanisme en arrière, de manière que le crochet antérieur vienne emboîter sa goupille dans la boîte de culasse; achever de mettre la partie arrière du mécanisme à fond dans son logement; replacer la vis de mécanisme et la vis de pontet.

Il est nécessaire, pour replacer la vis-pivot d'élévateur, d'appuyer fortement avec le pouce de la main gauche sur la tête d'élévateur pour amener et maintenir les trois trous de vis en concordance. On doit prendre une précaution analogue pour la vis de mécanisme, en appuyant sur le pontet avec la main gauche, de manière à introduire la vis sans forcement.

Avoir soin, quand on remonte la gâchette, de faire pénétrer la queue de la détente dans la fente du pontet avant de mettre en place la vis de gâchette.

3° **Culasse mobile.** — Assembler sur le cylindre le ressort de percuteur, le percuteur et le chien, celui-ci à la position de l'abattu; comprimer le ressort de percuteur, comme pour le démontage; engager le manchon sur le T du percuteur; l'amener en face de l'entrée de son logement dans le chien et laisser le ressort de percuteur se détendre lentement.

Les pièces de la culasse mobile étant ainsi assemblées, à l'exception de la tête mobile, et la vis d'assemblage étant placée sur le cylindre à la position de démontage (engagée de trois ou quatre filets seulement), mettre le chien au cran de l'armé, faire tourner le manchon de façon que sa fente de repère soit en demi à droite sur celle du chien; placer la tête mobile dans la boîte de culasse, les tenons à hauteur du milieu de l'entaille latérale, le bouton à droite; engager la culasse mobile dans la boîte de culasse, en faisant penétrer le percuteur dans la tête mobile; faire tourner cette dernière à gauche avec la main pour amener son bouton dans son logement; serrer à fond la vis d'assemblage du cylindre et de la tête mobile.

Si l'on éprouve une difficulté à faire pénétrer le percuteur dans son canal de la tête mobile, cette difficulté proviendra ordinairement de ce que l'on n'a pas tourné le manchon suffisamment à droite; il suffira donc de le faire tourner de la quantité convenable, après avoir vérifié que la tête mobile est bien placée dans la boîte de culasse, *le bouton à droite.*

On éprouve quelquefois une certaine résistance pour

achever de mettre le bouton de tête mobile à fond dans son logement du cylindre. Cette résistance provient du méplat du percuteur, dans le cas où, avant de réunir le cylindre à la tête mobile, on a fait tourner le manchon trop à droite. Il suffit donc de ramener le manchon à gauche pour faire cesser cette résistance et mettre sans difficulté la tête mobile en place.

Il est interdit aux soldats d'employer, pour faire tourner le manchon, le tournevis engagé dans la fente de repère. On doit toujours faire tourner le manchon avec la main.

c. Observations générales sur le démontage et le remontage.

Le démontage complet des mécanismes tel qu'il est indiqué ci-dessus ne doit se faire qu'exceptionnellement et seulement sur l'ordre d'un officier ou d'un sous-officier.

Les pièces non indiquées dans les prescriptions qui précèdent sont nettoyées sur place et ne doivent jamais être démontées par le soldat.

Il est interdit à celui-ci, en vue d'éviter les mutilations, de frapper aucune pièce de son arme avec un objet métallique. Cette prescription s'applique surtout au démontage de la grenadière et de l'embouchoir.

Les vis doivent toujours être serrées à fond, particulièrement la vis de culasse. Il faut engager à la main au moins les premiers filets toutes les fois que cela est possible.

d. Entretien (1).

OBJETS NÉCESSAIRES POUR L'ENTRETIEN DU MOUSQUETON MODÈLE 1892.

Dans les chambres, des *nécessaires de chambrée modèle 1896*, comprenant chacun une baguette de nettoyage, une baguette de graissage munie d'un écouvillon et deux tournevis-chassoirs, sont placés, ainsi qu'une fiole d'huile, près du râtelier d'armes, à la disposition des soldats.

Chaque soldat doit avoir, en outre :

Une boîte à graisse garnie et une pièce grasse ;

Une brosse d'armes ;

Des curettes en bois tendre ;

(1) Les prescriptions qui suivent doivent être remplacées par celles de la Circulaire n° 5, du 15 janvier 1914 (B. O. P. R., pages 113 et 114) dans les corps munis des baguettes de nettoyage modèle 1913 A ou modèle 1913 B (voir l'Annexe à la présente Instruction).

De la brique pilée ou de la brique anglaise, et quelques chiffons de linge et de drap.

En campagne, le nécessaire de chambrée est remplacé par la ficelle individuelle de nettoyage et par le nécessaire d'armes. Les nécessaires d'armes, les boites à graisse et les brosses d'armes sont répartis conformement aux décisions ministérielles sur la tenue de campagne.

NETTOYAGE ET GRAISSAGE APRÈS LE TIR.

Après chaque séance de tir, le soldat doit nettoyer son arme, à commencer par l'intérieur du canon.

Canon. — La manière de nettoyer le canon est différente suivant que l'on dispose ou non du nécessaire de chambrée.

1° *Nettoyage à l'aide des baguettes du nécessaire de chambrée.* — Pour nettoyer l'intérieur du canon, passer dans la fente de la baguette de nettoyage une bande de toile de 0 m. 10 à 0 m. 15 de longueur et d'une largeur telle que le chiffon monte force moderement dans le canon (environ 0 m. 04 pour la toile de chemise usee).

Retirer la culasse mobile de la boîte de culasse et séparer le mecanisme de l'arme. Introduire la baguette dans l'âme par la bouche du canon. Saisir la poignée à pleine main, la tige passant entre l'index et le doigt du milieu; imprimer à la baguette un mouvement de va-et-vient sur toute la longueur du canon. Avoir soin, à chaque passe, de faire sortir complètement le chiffon hors de l'âme, de façon à pouvoir le secouer et à éviter le rebroussement de la toile, ainsi que les coincements qui peuvent en résulter. Cinq ou six passes suffisent ordinairement pour nettoyer l'interieur du canon. Lorsqu'il est impossible d'obtenir ce resultat avec un chiffon sec, employer un chiffon imbibé d'huile.

L'intérieur du canon étant ainsi nettoyé, le graisser légèrement avec la baguette de graissage. A cet effet, imprégner légèrement de graisse la brosse de l'écouvillon, si elle ne l'est déjà. Engager l'écouvillon dans l'âme et faire une seule passe aller et retour.

Il est interdit d'employer au nettoyage la baguette de graissage séparée ou non de l'écouvillon.

2° *Nettoyage à l'aide de la ficelle.* — Avant de nettoyer l'intérieur du canon, enlever la culasse mobile et le mécanisme, prendre un chiffon aussi résistant que possible, de 0 m. 15 à 0 m. 20 de longueur sur 0 m. 04 à 0 m. 10 de largeur, et le passer à forcement dans le canon, à l'aide de la ficelle de nettoyage, exempte de poussières adhérentes.

On engage le chiffon dans un nœud gansé (1), formé au milieu de la ficelle, et on le manœuvre en agissant alternativement sur les deux bouts de celle-ci, l'arme étant maintenue aussi immobile que possible. A la fin de chaque mouvement alternatif, le chiffon doit sortir entièrement du canon; il faut l'y faire rentrer par la partie qui est serrée dans le nœud de la ficelle, afin d'éviter qu'il ne se rebrousse et ne se coince pendant son trajet dans l'âme.

Cette opération doit autant que possible être exécutée par deux soldats, qui maintiennent l'arme horizontalement en tenant respectivement dans leur main gauche, l'un la poignée de la crosse, l'autre l'extrémité du fût; chacun d'eux saisit ensuite de la main droite le bout de la ficelle qui est de son côté. Quand le nettoyage est fait par un homme seul, celui-ci soutient l'arme de la main gauche, sous l'arrière du fût, pour tirer le chiffon de la bouche vers la culasse, et il la fait reposer sur la crosse pour le mouvement inverse. Il est formellement interdit, dans ce cas, d'attacher un des bouts de la ficelle à un support fixe et d'exécuter le nettoyage en donnant à l'arme un mouvement de va-et-vient le long de la ficelle. La substitution de fils métalliques à la ficelle, ou l'emploi de baguettes en acier ou en fer sont interdits.

L'intérieur du canon étant ainsi nettoyé et ses parois redevenues lisses et brillantes, on le graisse légèrement, ainsi que la chambre, avec un chiffon gras, qui doit passer sans forcement. Il faut éviter de graisser avec excès la chambre de la cartouche.

Cela fait, essuyer avec un linge sec l'intérieur de la boîte de culasse. Nettoyer soigneusement le logement des tenons de fermeture, surtout s'il s'est produit pendant le tir des fuites de gaz par l'arrière : le soldat peut facilement faire ce nettoyage avec le petit doigt recouvert d'un chiffon. Passer une curette en bois tendre dans la cavité où se meut l'extracteur, sur la tranche arrière et sur l'évasement tronconique du bouton du canon. Graisser légèrement l'intérieur de la boîte de culasse, en remplaçant le chiffon sec par un chiffon gras.

Essuyer l'extérieur du canon et de la boîte de culasse, en se conformant à ce qui est dit ci-après pour l'entretien des pièces bronzées. Si l'arme n'a pas été exposée à l'humidité ou à la pluie, il sera inutile de séparer le canon de la monture; celle-ci sera essuyée en place avec un linge sec en même temps que les boucles. Dans le cas contraire, la monture sera séparée du canon et traitée comme il est dit

---

(1) Pour faire ce nœud, former une boucle au milieu de la ficelle, en croisant les deux brins l'un sur l'autre; dans la boucle ainsi formée, passer l'un des brins replié sur lui-même en forme de ganse, et serrer. Pour défaire ce nœud, après le nettoyage, on n'a qu'à faire sortir le chiffon de la ganse et à tirer ensuite sur les deux brins.

plus loin à l'article *Monture*. Essuyer la hausse, en enlevant s'il y a lieu la vieille graisse avec un linge ou des curettes.

Passer la pièce grasse sur toutes les parties extérieures du canon et de la boîte de culasse. En graissant la planche de hausse, faire jouer le curseur; graisser légèrement le pied et le ressort avec la brosse douce, en faisant jouer la planche autour de la charnière; mettre une goutte d'huile à la charnière.

Culasse mobile. — Démonter entièrement la culasse mobile; essuyer toutes les pièces avec un linge sec et nettoyer les logements intérieurs, ainsi que la gorge du manchon, avec des curettes en bois; essuyer le ressort du percuteur avec un linge fin qu'on fait passer entre les spires, en évitant de les écarter, soit par traction, soit par ploiement du ressort.

La culasse mobile étant nettoyée, en graisser légèrement toutes les parties intérieures et extérieures, puis la remonter (moins la tête mobile).

Au moment de la replacer dans la boîte de culasse, mettre une goutte d'huile à la griffe de l'extracteur, au canal de la tête mobile, à la pointe du percuteur, aux rampes du cylindre et du chien et aux crans du chien.

Quand la culasse mobile est remise en place dans la boîte, mettre une goutte d'huile sur la rampe de la tranche postérieure de l'échancrure et sur la rampe de dégagement, puis faire marcher le mécanisme de fermeture.

Mécanismes. — Les mécanismes étant séparés de la monture, en essuyer toutes les parties avec un linge sec, sans les démonter. Enlever avec soin les résidus qui pourraient empêcher le contact des deux planches d'élévateur, en arrière de la charnière. Passer à la pièce grasse l'élévateur, l'intérieur du support d'élévateur et le mécanisme arrière, et, avant de remonter les mécanismes sur l'arme, mettre une goutte d'huile au galet du ressort inférieur d'élévateur, à la bossette de la planche supérieure, au plan incliné du crochet de chargeur, aux deux rouleaux du ressort de crochet, à la goupille de détente, à la tête de gâchette, au crochet antérieur de support d'élévateur.

Il pourra être nécessaire, si les vis qui servent de pivots aux pièces du mécanisme sont grippées ou rouillées, de démonter les mécanismes comme il a été dit plus haut. Dans ce cas, nettoyer avec soin les vis et leurs logements, les débarrasser de la rouille et de la vieille graisse, et les graisser légèrement. Avant de les remonter, mettre une goutte d'huile à la tige de chaque vis, ainsi qu'aux filets.

Ce démontage ne doit être fait qu'en cas de nécessité, sur l'ordre d'un officier ou d'un sous-officier, et le soldat ne doit jamais le pousser plus loin qu'il n'est indiqué au présent chapitre.

Monture. — Si l'arme n'a pas été exposée à l'humidité ou à la pluie, il n'est pas nécessaire de séparer la monture du canon. Essuyer le bois avec un linge sec et vérifier s'il ne s'est pas attaché de rouille dans le logement du mécanisme et dans le passage du chargeur. S'il en existe, l'enlever avec un morceau de drap imbibé d'huile.

Si la monture a subi les effets de l'humidité, la séparer du canon, l'essuyer dans toutes ses parties et enlever soigneusement la rouille, comme il vient d'être dit, dans les logements du canon, de la boîte de culasse et du mécanisme, sous les boucles, dans le canal de baguette, etc. S'assurer que le passage du chargeur est parfaitement net.

Si, à la suite de pluies, le bois a pris un aspect rugueux, passer dessus un chiffon huilé.

Garnitures. — Pour les garnitures métalliques, se conformer aux prescriptions générales indiquées ci-après.

Pièces en acier bronzées. — Si elles ne sont pas rouillées, les frotter avec un linge sec.

Si elles présentent des taches de rouille, les frotter avec un linge huilé; il est bon de répandre d'abord un peu d'huile sur les taches, et de laisser la rouille s'imbiber quelques instants. Si les taches ne peuvent s'enlever par ce moyen, employer la brique pulvérisée, tamisée et délayée dans la graisse; frotter avec un linge ou une brosse rude. Essuyer ensuite avec un linge sec et ne laisser aucune substance dans les trous des vis ou dans les encastrements.

Si l'on ne peut enlever la rouille par un des procédés précédents, porter l'arme chez l'armurier.

L'emploi de l'émeri ou du grès pour le nettoyage des pièces de l'arme est formellement interdit au soldat.

Les pièces étant nettoyées, les passer à la pièce grasse. Mettre une goutte d'huile sur les filets des vis.

Pièces bronzées ou bleuies. — L'emploi de la brosse, et à plus forte raison de la brique, est interdit pour le nettoyage des pièces bronzées; on ne doit employer que des chiffons de linge ou de drap exempts de poussière.

Si la pièce bronzée n'est pas rouillée, la laver au besoin avec un linge mouillé, puis l'essuyer avec un linge sec.

Si elle est rouillée, la frotter avec un linge ou un morceau de drap légèrement gras; lorsque ce moyen est insuffisant, les pièces doivent être portées chez l'armurier.

Les pièces nettoyées, les passer à la pièce grasse.

NETTOYAGE ET GRAISSAGE APRÈS LES EXERCICES.

Retirer de la boîte la culasse mobile; passer à l'intérieur du canon, avec la ficelle, un chiffon sec, puis un chiffon gras; essuyer toutes les parties extérieures de l'arme, y compris le passage du chargeur dans la monture; graisser les pièces en acier. Essuyer et graisser la culasse mobile sans la démonter, à moins que l'arme n'ait éte soumise à une forte poussière; dans ce cas, démonter la culasse mobile et en nettoyer toutes les pièces.

Si l'arme a été mouillée, on devra en effectuer le nettoyage complet, conformément aux indications ci dessus (*Nettoyage après le tir*).

OBSERVATIONS GÉNÉRALES.

Le soldat doit, toutes les fois que cela lui est possible, nettoyer son arme *immédiatement* après s'en être servi; tout retard rend le nettoyage plus long et plus difficile à exécuter. Le nettoyage doit être borné strictement à l'enlèvement de la poussière, de l'humidité, des impuretés ou de la rouille superficielle occasionnée par les exercices ou par le tir; il ne doit jamais être poussé assez loin pour amener une usure accentuée et par suite un changement de forme ou de dimensions des pièces. *Le poli brillant pour les pièces en acier non bronzées est expressément défendu.*

Dans les dépôts, les armes sont au râtelier, sans chargeur dans la boîte de culasse et sans cartouche dans le canon, la culasse mobile fermée et le chien à l'abattu. Les pièces en acier doivent être légèrement onctueuses; au moment de se servir de son arme, le soldat l'essuie avec un linge sec.

Le graissage des armes doit être renouvelé au moins une fois par semaine.

CHAPITRE II.

MOUSQUETON M^le^ 1892 M. 1916.

Le mousqueton M^le^ 1892 M. 16 **utilise un chargeur à 5 cartouches** (1), et diffère du mousqueton M^le^ 1892 sur les points suivants :

Appareil de pointage. — Le guidon est de forme rectangulaire. Il présente à sa partie supérieure une fente de 0 m/m 6 permettant de réaliser en direction des tirs aussi précis qu'avec un guidon de forme effilée.

Les crans de mire de la planche et du curseur sont de formes trapézoïdales pour s'adapter au nouveau guidon.

C'est le même dispositif que sur les fusils actuellement en service.

---

(1) Il peut utiliser, sans inconvénients, le chargeur à 3 cartouches du mousqueton M^le^ 1892.

Garde-main. — Les doigts du tireur sont protégés des brûlures par un garde-main recouvrant le canon depuis la boîte de culasse jusqu'en avant de la grenadière.

Ce garde-main en bois présente : une fente emboîtant le pied de hausse et des encastrements pour la bague-verrou et la grenadière.

Il est maintenu sur l'arme : à l'arrière par une bague-verrou sertie et pointée sur le renflement du tonnerre, et à l'avant par la grenadière qui a été agrandie.

Chargeur à 5 cartouches. — Le remplacement du chargeur de 3 cartouches par un chargeur à 5 cartouches a entraîné les modifications suivantes :

a. Le support d'élévateur a reçu une boîte de protection, ce qui a nécessité la suppression du fond, et l'organisation à l'arrière d'une mortaise pour le bec de la boîte, et à l'avant d'un trou taraudé pour une vis de fixation.

La boîte de protection est fermée, à sa partie inférieure par un couvercle mobile que l'on ouvre pendant le tir pour laisser passer les chargeurs.

On distingue sur la boîte de protection : le corps, l'entretoise, le couvercle, son articulation et son ressort, le bec, le chemin de roulement et la vis de fixation;

b. La planche supérieure d'élévateur a été rectifiée, le bout recourbé supprimé ;

c. L'appui du galet du ressort de planche inférieure qui se faisait sur le fond du support d'élévateur se fait sur la pièce rapportée dans la boîte de protection, pièce appelée chemin de roulement;

d. L'entrée de la boîte de culasse, au passage du chargeur, a été rectifiée pour laisser passer le nouveau chargeur;

e. Le chargeur est en tôle mince comme celui à 3 cartouches.

On y distingue : les faces, les nervures, les évidements, le fond et les 2 talons.

Il est symétrique par rapport à la cartouche du milieu, les 2 talons permettent de le mettre en place en introduisant indifféremment l'un ou l'autre côté dans la boîte de culasse.

Barrette de crosse. — Le battant de crosse à pivot tournant a été remplacé par une barrette fixée par 2 vis sur la joue gauche de la crosse. Une entaille dans cette joue permet le passage de la bretelle.

Plaque de couche. — La plaque de couche en acier a été remplacée par une plaque semblable de forme, mais en tôle.

Couvre-culasse. — Un couvre-culasse protège la culasse et l'entrée de la boîte de culasse contre l'introduction de corps étrangers dans les mécanismes.

Il est fixé sur la culasse par la vis d'assemblage qui a été modifiée en conséquence. Il se manœuvre donc avec la culasse à laquelle il est lié.

Il est constitué par 2 lames en tôle glissant l'une sur l'autre. La lame du dessous présente 2 nervures, qui coulissent dans 2 autres nervures pratiquées dans la lame de dessus, et une rainure qui sert de glissière à un bouton d'assemblage rivé sous la lame de dessus. La lame de dessus porte en outre le trou pour la vis d'assemblage.

Quand on ouvre la culasse, les 2 lames se recouvrent, quand on la ferme, la lame de dessous ferme la partie supérieure de la boîte de culasse pendant que la lame de dessus vient fermer la partie latérale de l'échancrure.

Nota. — 1° Les indications données dans le chapitre I de la présente instruction s'appliquent au mousqueton Mle 1892 M. 16 en tenant compte des additions et modifications indiquées ci-dessus;

2° Une nouvelle ligne de mire, surélevée, a été mise en service sur les mousquetons sortant de fabrication à partir du mois de juin 1920. Cette ligne de mire, dite *modèle 1920*, comporte un guidon, une planche de hausse et un curseur, Mle 1920, qui diffèrent par certaines de leurs dimensions, de ceux en service. Toutes ces pièces sont marquées de la lettre distinctive A. Il est indispensable de s'assurer que, lorsqu'une de ces pièces porte la lettre A, il en est de même des deux autres, faute de quoi la ligne de mire serait complètement déréglée.

SECONDE PARTIE.

CARABINES.

CHAPITRE III.

CARABINE DE CAVALERIE M^le 1890.

La carabine de cavalerie Mle 1890 est semblable au mousqueton Mle 1892, sauf qu'elle ne comporte pas de baïonnette; l'organisation du fût et des garnitures présente de ce fait certaines différences peu importantes.

Il existe deux types de carabines de cavalerie:

La carabine du 1er type, comportant, pour la bretelle, le mode d'attache du mousqueton Mle 1892, c'est-à-dire la grenadière à anneau et le battant de crosse à pivot tournant.

Ces armes ont été transformées, à partir de 1904, en carabines du 2e type (voir ci-après) et il n'en reste actuellement en service qu'un nombre très restreint.

La carabine du 2e type, qui diffère de la précédente par le remplacement de la grenadière à anneau et du battant de crosse par une grenadière à pontet et une barrette; cette disposition a été adoptée en vue de faciliter le transport de l'arme par l'homme à cheval.

On a adopté, d'autre part, en juillet 1915, une modification aux carabines de cavalerie, devant permettre l'emploi, avec ces armes du sabre-baïonnette du mousqueton Mle 1892. Cette modification a porté sur les points principaux suivants:

Addition d'un tenon à fourche, semblable à celui du mousqueton Mle 1892, sauf que l'intervalle entre les extrémités des branches a été diminué de 0^m/^m5.

La longueur de la vis de ressort d'embouchoir a été réduite à 20^m/^m9 et celle du tube à 13^m/^m5.

Le trou de l'embouchoir a été légèrement modifié.

La baguette et la monture ont été un peu raccourcis.

Enfin, la longueur de la monture a été réduite vers l'avant et le fût a été modifié pour recevoir le tenon à fourche.

CHAPITRE IV.

CARABINE DE CUIRASSIER M^le 1890.

La carabine de cuirassier Mle 1890 ne diffère de la carabine de cavalerie Mle 1890 que par la crosse qui a une pente plus forte, ne comporte pas de busc, et est munie d'une plaque de couche en cuir, au lieu d'une plaque en acier, en vue du tir lorsque le cavalier est porteur de la cuirasse.

La nouvelle plaque est constituée par 2 épaisseurs de cuir collées l'une sur l'autre. Elle est maintenue sur la crosse au moyen de 3 vis à bois, en laiton.

CHAPITRE V.

CARABINE DE GENDARMERIE M^le 1890.

La carabine de gendarmerie Mle 1890 est semblable au mousqueton Mle 1892, sauf que le sabre-baïonnette de cette dernière arme est remplacé par une épée-baïonnette d'un modèle spécial dont la nomenclature est donnée ci-après :

L'épée-baïonnette de carabine de gendarmerie comprend :

1° *La lame* dans laquelle on distingue : la lame quadrangulaire, le talon, les 4 arêtes, les 4 gouttières, la pointe ;

La soie : la partie cylindrique, son trou pour le rivet de croisière ; la partie conique, filetée à son extrémité pour se visser sur l'écrou de poignée.

2° *La monture* comprenant :

La poignée en bronze de nickel, le tenon qui pénètre dans la fente de la croisière ; le logement de la partie cylindrique de la soie ; l'évidement intérieur, la cloison, son trou ; le trou pour le tenon d'épée-baïonnette ; le logement du poussoir et du bouton de poussoir ; l'évidement pour la tête de baguette ; le dos, son méplat, sa partie concave ;

L'écrou de poignée, vissé sur l'extrémité de la soie, sa fente.

Le pousoir, son crochet, sa tige, son épaulement, son bout fileté.

Le bouton et le ressort de poussoir,

La croisière, son quillon, le corps, la douille, le logement de la soie, les trous de rivet, la fente pour le tenon de la poignée, la fente pour le guidon ;

Le rivet de croisière.

3° *Le fourreau*, dans lequel on remarque :

Le corps, l'entrée, le trou de rivet de cuvette ;

Le bracelet pontet brasé sur le fourreau ; le pontet, ses branches, le bracelet ;

Le bouton brasé sur le fourreau ;

La cuvette, le corps, le trou de rivet, les 4 battes ;

Le rivet de cuvette.

Note générale sur les carabines.

Le fonctionnement des carabines M^le 1890 des différents

types est le même que celui du mousqueton. Elles peuvent être utilisées dans l'infanterie dans les mêmes conditions.

On se conformera notamment à ce qui a été indiqué dans la première partie de la présente instruction en ce qui concerne les démontages, remontages et entretien de l'arme et aux prescriptions données dans les annexes, en ce qui concerne la manœuvre et l'instruction du tir.

RENSEIGNEMENTS NUMÉRIQUES.

Dimensions principales et poids.

		MOUSQUETONS		CARABINES Mle 1890			
				DE CAVALERIE		de	de
		Mle 1892	Mle 1892-M-16.	1er et 2e type.	à baïonnette.	CUIRASSIER.	GENDARMERIE.
Calibre		8 m/m	8 m/m	8 m/m	8 m/m	8 m/m	8 m/m
Longueur	de l'arme sans baïonnette.	0m 945	0m 945	0m 945	0m 945	0m 952	0m 945
	de l'arme avec baïonnette.	1m 345	1m 345	"	1 345	"	1m 465
Poids	de l'arme sans baïonnette et non chargée	3kg 100	3kg 250	3kg 000	3kg 100	2kg 980	3kg 100
	de la baïonnette sans fourreau	0 425	0 425	"	0 425	"	0 475
	du fourreau de baïonnette	0 215	0 215	"	0 215	"	0 200
	du chargeur à 3 cartouches garni (cart. mle 1886 D)	0 095	"	0 095	0 095	0 095	0 095
	du chargeur à 5 cartouches, garni (cart. mle 1886 D)	"	0 157	"	"	"	"

ANNEXE I.

CIRCULAIRE N° 5

relative à l'entretien des armes de 8 m/m,
au moyen des baguettes de nettoyage,
modèle 1913 A ou modèle 1913 B.

Paris, le 15 janvier 1914.

Les corps de troupe dotés de baguettes de nettoyage modèle 1913 A, ou 1913 B (1) se conformeront aux prescriptions suivantes pour l'entretien des armes à feu de 8 m/m, au moyen de ces instruments :

Nettoyage et graissage des armes de 8 m/m. à l'aide des baguettes de nettoyage modèle 1913 A ou modèle 1913 B.

a) **Préparer la baguette pour le nettoyage ou le graissage.** — Enrouler sur les dents du porte-chiffon une bande de toile de 12 à 16 centimètres de longueur et large de 4 à 5 centimètres suivant l'épaisseur de la toile, de façon que le chiffon enroulé force modérément dans le canon.

b) **Nettoyer le canon.** — Le nettoyage de l'intérieur du canon s'effectue différemment selon que la culasse mobile a été retirée (nettoyage complet) ou que la culasse mobile est laissée en place (nettoyage après les exercices).

Nettoyage complet (culasse mobile enlevée).

Introduire par la culasse la baguette préparée comme il est dit ci-dessus. Saisir à pleine main l'extrémité de la baguette et lui imprimer un va-et-vient sur toute la longueur du canon, en ne faisant sortir de la bouche qu'une partie du chiffon.

---

(1) La mise en service des baguettes de nettoyage modèle 1913 A ou 1913 B n'est prévue que pour les troupes munies de l'équipement allégé.

Laisser tourner la baguette librement dans la main sous l'action des rayures.

Cinq ou six passes suffisent ordinairement pour nettoyer l'intérieur du canon.

Lorsque ce résultat ne pourra pas être obtenu avec un chiffon sec, employer un chiffon imbibé d'huile. Si ce dernier procédé est insuffisant, en particulier pour enlever les taches de rouille, porter l'arme chez l'armurier.

L'intérieur du canon étant nettoyé, le graisser légèrement, à l'aide de la même baguette, en ayant soin d'y placer un chiffon propre et convenablement graissé, engager le chiffon dans la chambre pour la graisser et ensuite dans l'âme du canon ; faire une seule passe aller et retour.

Nettoyage après les exercices (culasse mobile en place).

Ouvrir le tonnerre et retirer la culasse mobile en arrière jusqu'à l'arrêt du mouvement. Introduire la baguette par la bouche, après l'avoir préparée comme il est dit ci-dessus, *a*) ; lui donner un seul mouvement de va-et-vient pour nettoyer le canon, sans que le chiffon dépasse la chambre.

Répéter la même opération avec un chiffon légèrement graissé.

MOUSQUETONS. — PL. I.

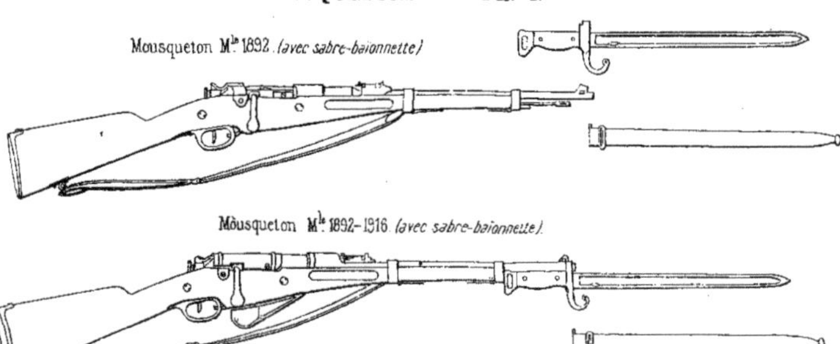

MOUSQUETON Mle 1892 M. 1916. — PL. II.

(Coupe.)

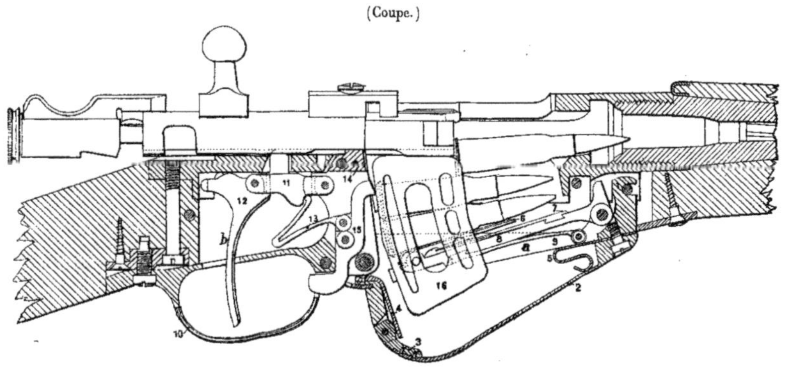

LÉGENDE.

a) Mécanisme de répétition.

1. Support d'élévateur.
2. Boîte de protection.
3. Couvercle.
4. Ressort de couvercle.
5. Chemin de roulement.
6. Planche supérieure d'élévateur.
7. Ressort de planche supérieure.
8. Planche inférieure.
9. Ressort à galet.

b) Mécanisme de détente.

10. Pontet-support.
11. Gâchette.
12. Détente à double bossette.
13. Ressort de crochet et de gâchette
14. Éjecteur.
15. Crochet de chargeur.
16. Chargeur.

CARABINES. — PL. III.

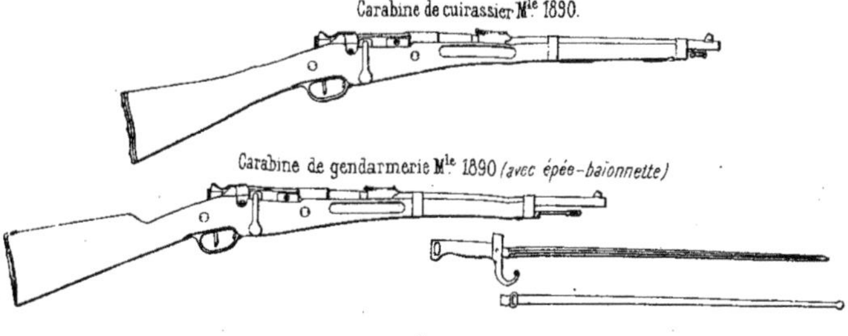

www.ingramcontent.com/pod-product-compliance
Ingram Content Group UK Ltd.
Pitfield, Milton Keynes, MK11 3LW, UK
UKHW022152170726
13837UKWH00004B/1932

9 782329 20368